Alexander Holzach

Áries
o signo energético

De 21 de março a 20 de abril

Para o signo de áries, não há barreiras.

Ele quer sempre atravessar a parede de cabeça.

Seguindo o lema...

..."o importante é que a vida seja eletrizante!"

Para áries, seguir em frente é o que importa!

Ficar parado significa...

...andar para trás.

Áries precisa primeiro terminar toda a tarefa...

...antes de poder dar aquela relaxada.

Se você quiser seguir alguém de áries...

Todos sabem que áries é generoso.

Fica bem...

...se todos ao seu redor estiverem bem.

Mas, caso se sinta usado...

...pode muito bem reagir à altura.

Quem tem amizade com áries sabe:

não importa o que você apronte...

...nesse signo encontrará proteção.

Até mesmo quando áries
não aprova o que você fez.

Áries consegue demonstrar
habilidades ainda desconhecidas...

...quando se trata de sua família.

Áries não consegue esconder bem seus sentimentos.
Eles ficam estampados em seu rosto...

...quando está impaciente...

...quando mente...

...quando sente tédio...

...e também quando se apaixona.

Áries tem um grande instinto de caça.

Quando algo chama sua atenção...

...se torna alguém incapaz de parar.

No amor, não imponha limites para áries.

Esse signo é mestre na arte de se libertar.

É áries que decide com quem vai se amarrar.

Ninguém abandona alguém de áries...

...sem conhecer sua capacidade de luta.

Nas brigas,
áries pode pegar
bem pesado.

Mas sua raiva vai embora
num piscar de olhos.

Enquanto os outros ainda estão magoados,
áries já perdoou.

Áries adora discussões interessantes.
Mas é preciso ter muita cautela...

...pois, às vezes, o clima
pode acabar esquentando.

Embora, às vezes, áries se irrite demais
com coisas bem pequenas...

...é a calma em pessoa diante das grandes dificuldades.

O signo de áries...

...aguenta firme.

Quando se trata de buscar
um lugar em sua carreira...

...áries batalha por isso...

...e se atira de cabeça para conseguir o melhor posto.

Haja o que houver,
    quando áries tem um compromisso...

Quando todos, ao mesmo tempo, querem algo de áries...

...é de se admirar como esse signo se mostra inacreditavelmente capaz de executar múltiplas tarefas.

Nas férias, áries deixa sua curiosidade correr solta.

Assim, descobre coisas que ficam escondidas para os outros.

Áries é muito espontâneo.

Mas não importa onde aterrisse...

...precisa se manter em constante movimento.

Mas precisa aprender que, às vezes, uma ajudinha não faz mal.

Áries quer que, de preferência,...

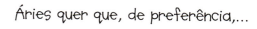

...o mundo...

...seja moldado ao seu próprio gosto.

É capaz de alcançar grandes resultados...

...mas também pode perder o interesse no meio do caminho.

Às vezes, o signo de áries pode ser...

briguento,

impaciente,

exagerado

e esquentado.

Mas também pode ser todo coração...

corajoso,

durão,

verdadeiro

e solícito.

TÍTULO ORIGINAL *Der energiegeladene Widder*
© 2015 arsEdition GmbH, München – Todos os direitos reservados.
© 2017 VR Editora S.A.

EDIÇÃO Fabrício Valério
EDITORA-ASSISTENTE Natália Chagas Máximo
TRADUÇÃO Natália Fadel Barcellos
REVISÃO Felipe A. C. Matos
DIREÇÃO DE ARTE Ana Solt
DIAGRAMAÇÃO Balão Editorial

Dados Internacionais de Catalogação na Publicação (CIP)
(Câmara Brasileira do Livro, SP, Brasil)

Holzach, Alexander
Áries: o signo energético / Alexander Holzach; [tradução Natália Fadel Barcellos].
— São Paulo: VR Editora, 2017.

Título original: *Der energiegeladene Widder*

ISBN 978-85-507-0109-7

1. Astrologia 2. Horóscopos 3. Signos e símbolos I. Título.

17-04648   CDD-133.54

Índices para catálogo sistemático:
1. Horóscopos: Astrologia 133.54

Todos os direitos desta edição reservados à
VR EDITORA S.A.
Via das Magnólias, 327 - Sala 1 | Jd. Colibri
CEP 06713-270 | Cotia | SP
Tel.| Fax: (+55 11) 4702-9148
vreditoras.com.br | editoras@vreditoras.com.br

SUA OPINIÃO É MUITO IMPORTANTE
Mande um e-mail para
opiniao@vreditoras.com.br
com o título deste livro
no campo "Assunto".

1ª edição, nov. 2017
2ª reimpressão fev. 2023
FONTES SoupBone e
KG Be Still And Know
IMPRESSÃO GSM
LOTE GSM070223